CONTENTS

CÓMO PIENSA EL TASADOR

Enrique Meléndez

Descargo de responsabilidad

La información en este libro tiene propósitos educativos solamente. El material no pretende proveer consultaría en valoración, legal o contributiva. No extiende ni implica ningún tipo de garantía escrita o implícita con relación al contenido de este libro. Para dudas y consultas de índole legal consulte un abogado.

Estimado lector,

¡Muchas gracias por adquirir mi libro! Por mucho tiempo me propuse terminar su escritura, pero continué posponiéndolo hasta ahora. Por el cambio repentino que trajo la pandemia a algunos les ha dado por cocinar, otros prefirieron ejercitar o dormir y a mí me dio por escribir. Así que, con mucho entusiasmo, presento el resultado de mi proyecto personal tras la pandemia, lol. La idea de este libro es explicar los principios básicos de valoración que dan forma a la mentalidad del tasador. Espero que sea de tu agrado y que te ayude a entender cómo piensa el tasador. Durante tu lectura conocerás a Pancracio, el personaje principal de los chistes que incluyo al comenzar cada punto y en algunos subpuntos para darle un toque de humor relacionado con el tema a discutir. Para demostrar algunos conceptos básicos, he utilizado tablas, ejemplos, gráficas y anécdotas personales.

Sobre el autor

Hola, mi nombre es Enrique Meléndez y vivo en el "pueblo del chupacabras", Canóvanas, Puerto Rico. Por si las dudas, todavía no lo he visto. Eric, Iván y mi amada esposa Sandra formamos la familia Meléndez. Soy tasador.

Fui a la escuela superior en St. Francis Prep School, Spring Grove, en Pennsylvania, Estados Unidos. Luego asistí a la Escuela de Ingeniería Eléctrica en la Universidad de Rutgers, en New Brunswick, New Jersey. Posteriormente obtuve una licenciatura en Administración de Empresas de la Universidad Metropolitana.

Desde 1988 he estado envuelto en los bienes raíces de alguna forma. Primero como corredor y luego, a partir de 1996, como tasador. Actualmente tengo una licencia de Evaluador Profesional Autorizado 718 y Certificación General 237, que me permiten valorar para transacciones con fondos federales. Luego de casi diez años como revisor de tasaciones en un banco principal de Puerto Rico, decidí regresar a lo que más me gusta: tasar.

Titulé mi libro «¿cómo piensa el tasador?» porque él debe tener cierta mentalidad sobre el concepto de valor que vamos a explorar detalladamente en su momento y que te conviene saber si quieres ser un participante sabio de un proceso de venta.

El tema del valor es muy relevante para cualquier vendedor, especialmente durante la etapa inicial del proceso, cuando se quiere llegar a un precio de venta.

El propósito inicial de este libro es crear **conciencia** de que el mercado de bienes raíces, como los demás mercados, está sujeto a una combinación de reglas, procedimientos y mentalidades. Ir en contra de estas es planificar para el fracaso, mientras que entender estas reglas y saber aplicarlas es la llave del éxito. Entender todo esto es primordial para cualquier propietario.

También pretende contestar preguntas comunes que me hacen frecuentemente con más profundidad de lo que podría durante una inspección en el campo.

Ahora es el momento de conocer las verdades del mercado y la mentalidad del valor para que todo corra como debe ser. Vamos al grano.

PUNTO 1. ¿TE INTERESA EL VALOR DE TU PROPIEDAD?

Un sábado en la tarde, Pancracio y su esposa ven un anuncio en el periódico. No pueden creer lo que ven. En los clasificados hay una casa en venta por $ 1000 ubicada en un sector muy cotizado. Se trata de una propiedad lujosa en un vecindario exclusivo de San Juan. La pareja está convencida de que debe ser un error, pero deciden llamar de todas maneras. Al llamar, les contesta una dama con voz suave y sutil, quien inmediatamente les confirma que son las primeras personas en comunicarse. Pancracio, muy emocionado, le expresa que ha visto el clasificado en el periódico y desea saber si se trata de un error de imprenta. Ella le asegura que no es un error y la cara de Pancracio comienza a tornarse pálida.

Él y su esposa deciden ver la propiedad. Van a toda prisa hasta llegar a la casa. En la entrada hay una impresionante fuente de agua. Tocan el timbre y la dama les abre la puerta. Ella comienza a mostrarles la propiedad, ambos se percatan que tiene sobre 10 000 pies cuadrados y que es obvio que a la hora de construirla el dinero no fue un impedimento. Hay mármol importado de Italia y candelabros franceses. El jardín tiene flores exóticas. La piscina cuenta con un área para BBQ, terraza y un gazebo con múltiples bocinas de sonido y un plasma gigante. Desde la sala se ve un espectacular cuarto de billar y en el patio una cancha de tenis muy bien cuidada.

La esposa de Pancracio le expresa a la dama que es la casa más hermosa *que los dos han visto, pero quiere saber cuál es el truco. Tranquilamente la dama le asegura que no existe truco alguno. Pancracio y su esposa quieren la casa por $ 1000, pero están recelosos de hacer el negocio. Entonces la señora les dice: "parecen ser una buena pareja, así que les diré la verdad: La casa está totalmente salda y no debe un centavo. Pero la semana pasada recibí una llamada de mi esposo, me avisó que me estaba dejando por su secretaria. Luego me dijo que podía quedarme con todo lo que poseían como matrimonio bajo la condición de que él pudiera obtener el producto de la venta de esta casa. Yo accedí y él me pidió si podía vender la propiedad mientras él y su nueva pareja gozaba unas vacaciones en Paris".*

En esta ocasión, Pancracio no terminó nada mal, obtuvo una casa valorada sobre un millón de dólares por tan solo mil. Tuvo mucha suerte esta vez, aunque en las próximas intervenciones veremos otras facetas menos fortuitas.

La historia de Pancracio demuestra que no todo el mundo tiene el mismo interés en maximizar el valor de su propiedad y la vende al precio que cree conveniente, aunque este no siempre sea el más adecuado. Por lo tanto, **el primer paso para maximizar el valor de tu propiedad es tener el interés y el conocimiento para hacerlo**.

Te invito a que des una vuelta por tu vecindario para que te percates, con tan solo mirar las propiedades alrededor, que hay personas que se interesan muchísimo por el valor de sus propiedades mientras que otras no parecen preocuparse por ello. La falta de tiempo y recursos tiene mucho que ver con el cariño que cada dueño le brinda a su propiedad.

No cabe duda de que vivimos momentos de incertidumbre, pero te aseguro que si conoces la **mentalidad del valor** y las **reglas del juego** podrás mejorar tu toma de decisiones y entender más de cerca la relación entre el valor de tu propiedad y los factores que determinan el mismo. Si aprendes a jugar con estos factores a tu favor, podrás maximizar el valor de tu propiedad y te posicionarás más efectivamente en el mercado de bienes raíces.

Maximizar el valor es un concepto interesante que vamos a tocar a fondo más adelante. Claro, es una meta que no se puede alcanzar a plenitud hasta el día en que vendas tu casa, sin embargo, **tu interés jugará un papel crucial.**

Es importante entender que el valor no se trata únicamente de mantener una casa en condiciones óptimas y que se vea atractiva, el valor cambia y se gestiona en un mercado abierto con múltiples participantes y fuerzas que pueden o no ser balanceadas. Profundizaré en este tema a medida que nos adentremos en el libro.

En el momento de asignar un valor, cada participante en el proceso tiene su propio objetivo, incluyendo al tasador. Saberlos te ayudará a descubrir las motivaciones detrás de cada participante y, por ende, sus acciones. Esto será vital cuando te toque negociar. Como dicen en los campos de Puerto Rico: «hay que estar espuelao'» porque tener el conocimiento necesario para vender una propiedad, como en cualquier otra faceta de la vida, va a definir el éxito o el fracaso del negocio.

La mentalidad del vendedor

Hablando de participantes, **es preciso enfocarse primero en la mentalidad del vendedor,** ya que es quien típicamente inicia el proceso de compraventa y determina a quién, cómo, cuándo y por cuánto va a ofrecer la propiedad. El vendedor debe maniobrar y tomar decisiones acertadas para no caer en los errores comunes que pueden tornar la transacción en una muerte anunciada.

El vendedor tiene un rol decisivo, es el que "driblea el balón". Para eso, debe contestar preguntas como "¿reparo o no?", "¿qué precio puedo pedir?", "¿la vendo yo o busco un corredor?", "¿cuánto pagaré por ganancia de capital?", "¿le debo algo al gobierno?", "¿qué agencias visitaré?", "¿qué papeles necesito?". Estas y muchas otras preguntas surgen en un proceso normal al vender una propiedad.

Vender una propiedad requiere conocimientos especializados y supone estar al tanto de todos los aspectos legales, públicos, económicos, hipotecarios y hasta personales que pueden ser riesgosos si no comenzamos con el pie correcto. Yo, personalmente, delego todo esto a mi corredor de confianza.

El vendedor también debe estar motivado. Dicen que, si pones un pie en el bote y otro en el muelle, eventualmente caerás al agua. Un vendedor desmotivado siempre cae al agua, es como un helado totalmente soso. La falta de motivación al vender tiende a cerrar caminos y oportunidades para poder negociar efectivamente con el comprador y otros participantes, como corredores de bienes raíces.

Veamos ahora los tres tipos de vendedores según su objetivo. Estos son 1) los que pueden vender, 2) los que quieren vender y 3) los que tienen que vender. Cada uno tiene su propia motivación, pero no todos tienen la mentalidad para maximizar el valor de la propiedad que representan.

Por ejemplo, si no tienen prisa de vender, los primeros dos tipos tienden a ofrecer sus propiedades a sobreprecio. Este es un error contraproducente destinado al fracaso. Cuando el mercado refleja concesiones, el sobreprecio es una mala estrategia porque "quema" la propiedad en el mercado y "alarga" indefinidamente el período de venta. Cuando esto sucede, los compradores se sienten recelosos, lo que afecta el valor y la comerciabilidad de la propiedad.

En fin, tener mentalidad de vendedor requiere decisiones acertadas, particularmente al principio, cuando se va a posicionar la propiedad en el mercado. Es el momento de la verdad. El vendedor debe estar motivado y preparado para vender, y, sobre todo, tiene que saber el valor de su propiedad en el mercado. Sin este dato crucial, carecerá de un norte claro para negociar efectivamente.

En conclusión, hay vendedores que conocen cómo maximizar el valor de sus propiedades. ¿Qué saben los vendedores que los demás no? ¿Será que conocen la mentalidad del valor?

PUNTO 2. LA MENTALIDAD DEL VALOR

Pancracio está frente a tres compradores que, por casualidad de la vida, son galenos. Uno pregunta: "oiga, don Pancracio, ¿cuánto pide por su casa?". Pero Pancracio le toma la delantera y le pregunta de forma inquisitiva: "¿qué tipo de médico es usted?", el galeno le contesta: "yo soy nefrólogo", "pues le va a costar un riñón".

Inmediatamente Pancracio le pregunta al segundo galeno en tono sarcástico: "¿y qué tipo de médico es usted?", el galeno contesta que es oculista. "Bueno, a usted le costará un ojo de la cara".

El tercer médico mete las manos en sus bolsillos y afirma tranquilamente: "yo soy urólogo". Entonces Pancracio inclina la cabeza y le indica un tanto nervioso: "con usted estoy dispuesto a negociar".

Parece que el poder del urólogo pudo más que los titingós de Pancracio, lol.

Tú   Comprador   El Banco

Tasador   Tasador del Estado

He aquí una versión exagerada de las diferentes perspectivas que pueden existir sobre el valor de una propiedad dependiendo de si es el banco, tú, el comprador, el tasador o el tasador del Estado. **¿Esta es la forma de pensar del tasador? ¡Definitivamente no!** La mentalidad del tasador es muy diferente, quedará demostrado en este libro.

En el punto pasado exploramos la mentalidad del vendedor y descubrimos que él es quien "driblea el balón", quien tiene que tomar decisiones acertadas desde el principio y estar motivado e informado de los procedimientos de compraventa sin dudar del valor de la propiedad.

Un aspecto importante que tocamos en el punto anterior es que la mentalidad de venta requiere entender la perspectiva de los participantes involucrados en el proceso. Los **participantes principales** son el vendedor, el comprador, el banco y el sector público. Luego vienen los **participantes secundarios** como el corredor, los abogados y los tasadores que ofrecen su servicio a los participantes principales. Cada uno tiene su objetivo y deben encontrar el balance para que la transacción pueda llevarse a cabo.

Sin embargo, existe un participante con una perspectiva especial, quien posee la cualidad más importante cuando se trata de valor. Es una forma de pensar que ninguno de los otros participantes puede tener y que es precisamente la razón por la cual los demás solicitan su servicio. Esta cualidad es la imparcialidad y el único participante que la posee es el tasador. Debido a que los participantes principales tienen un interés particular en la transacción, **el tasador es el único que verdaderamente puede dar una opinión del valor confiable, sustentada, completa, razonable y debidamente desarrollada y comunicada, de forma tal que los demás se beneficien y dependan de ella.** Por eso, ser perito en valoración no solo se trata de teorías y análisis comparativo, la base y la influencia del tasador nace de la imparcialidad y de la capacidad de ver las cosas como son y no como quisiéramos verlas.

No hay duda de que la imparcialidad es el pilar del valor porque, al fin y al cabo, como aprendí muy temprano en mi profesión, el valor es una abstracción de la mente humana. Lo que tiene valor para alguien no necesariamente lo tiene para otro, cuando la mente entra en juego siempre habrá discrepancias y formas de pensar diferentes. Por eso **el norte del tasador es siempre el análisis imparcial de los factores que añaden o restan valor.** Lo último que queremos es que nos vendan fantasías o falsas expectativas, menos en una transacción de compraventa donde todo debe correr por una vía establecida de regulaciones y pasos que no se pueden obviar.

La mentalidad del comprador

Hablemos ahora del **comprador**. Es un hecho que la mayoría de los compradores tienen que utilizar financiamiento bancario para comprar una propiedad. También sabemos que un comprador no pagará más por una propiedad de lo que el mercado le reconoce. Con esto ya conocemos dos características importantes del comprador: 1) que toman prestado y 2) no desean pagar más del valor del mercado.

Mientras la mentalidad del vendedor busca maximizar el valor, la del comprador indudablemente busca minimizarlo. Es la característica principal de la mentalidad de cada uno. El vendedor se despide de su propiedad y el comprador asume la propiedad con todos sus elementos positivos o negativos. Este se enfoca en la propiedad y se interesa en factores como tamaño, eficiencia energética, localización, numero de cuartos y baños, amenidades, funcionalidad, reparaciones, mejoras adicionales, cabida, pietaje, calidad de materiales, entre otros. Es muy probable que, como la mayoría de los compradores, necesite financiamiento para comprar la propiedad y lo busque en el banco, por eso comprador y banco son el dúo dinámico.

Debemos entender qué esperan el **comprador y el banco** cuando se estima valor. Debido a que el comprador es el que paga el precio, este exige transparencia, razonabilidad y prueba de un valor sustentado. De ahí la importancia de tasar apropiadamente.

Hay que reconocer que cuando se trata de bancos y compradores hay que jugar dentro de las reglas, créeme, sí que hay reglas. **Entonces, para comenzar a entender cómo piensa el tasador es necesario conocer las reglas del juego.**

¿Cuáles son las reglas del juego en una transacción?

El mundo de bienes raíces está repleto de regulaciones por doquier. De hecho, el participante más regulado de todos es el banco, particularmente después del **Financial Institutions Reform, Recovery, and Enforcement Act (FIRREA).** El Congreso aprobó FIRREA el 9 de agosto de 1989 para responder a la crisis de ahorros y préstamos de la época. Proporcionó $ 50 mil millones para cerrar bancos en quiebra y detener nuevas pérdidas. FIRREA fue un *wake up call* para la industria bancaria y terminó con prácticas que estaban menoscabando la confianza del pueblo en las instituciones financieras. Luego de FIRREA, la tasación se reguló y se profesionalizó aún más.

Entre las reglas más importantes están las que regulan la **valoración para financiamiento**. Como revisor de tasaciones en un banco principal de Puerto Rico, pude ver y entender de primera mano la cantidad de regulaciones que existen en el proceso hipotecario. Son tantas que el banco debe tener departamentos completos para cumplir con ellas.

El alcance de este libro no implica entrar en estas regulaciones, no pretendo aburrirte porque son muchas. Lo que sí debes conocer es **cómo el banco establece el valor de tu propiedad en el proceso hipotecario** porque, en última instancia, todo el financiamiento gira alrededor del valor que determine el tasador escogido por el propio banco. ¡Ah! Un detalle importante: como parte de las toneladas de regulaciones, existe una que indica que **el tasador tiene que ser seleccionado por el banco.**

Para conocer cómo el banco determina el valor de una propiedad es necesario enfocarse en un concepto básico de la valoración: **valor del mercado.** Sin embargo, la relevancia de este tema es tal que decidí dedicarle un punto aparte.

Si hablamos de valor del mercado, el tema de las **transacciones** es obligatorio porque el valor residencial nace, precisamente, de estas transacciones. Podemos describir una transacción como una fotografía de las motivaciones e intereses particulares entre un comprador y un vendedor en un momento específico, todo sujeto a fuerzas y factores que pueden limitar o incrementar el valor.

Una transacción fidedigna es como un bizcocho de vainilla mojadito y recién salido del horno. Primero, antes de hornear, hay que asegurarse de que todos los ingredientes sean los correctos. Luego se deben mezclar en las proporciones correctas siguiendo la receta (representada por las regulaciones y pasos a seguir). En el horno, el calor une la mezcla y la expande, resultando en una obra maestra para el paladar acompañado de café o leche. Ahora tengo ganas de probar un bizcocho como ese, pero sigamos estudiando. **Para el tasador, el precio pagado, los elementos de comparación y las motivaciones de la transacción componen los ingredientes del bizcocho.** Una vez mezclados los ingredientes, se intercambian las perspectivas y motivaciones, estas se hornean, o sea, pasan por un **proceso de negociación**, resultando en una deliciosa transacción fidedigna.

Parte del trabajo del tasador es asegurarse de que las motivaciones en una transacción sean típicas y que la negociación sea balanceada. Esto explica por qué **no todas las transacciones se pueden utilizar para valorar** ya que "no todos los bizcochos se hornean a una temperatura de 250 grados por 40 minutos" (tuve que buscar esto en un libro de recetas, lol).

Una transacción no es solo un intercambio de dinero y motivaciones, también es un intercambio de derechos bajo condiciones y estímulos donde algunos se pueden controlar y otros no. Debido a que no siempre se mide el mismo derecho en bienes raíces, los valores podrían variar de acuerdo con el derecho que se valora.

Derechos sobre una propiedad

Contrario a la propiedad mueble que se puede transferir físicamente de un sitio a otro, los bienes raíces son inmuebles. Por lo tanto, cuando vendes tu casa, no la empaquetas y la entregas como una pizza. Ella se queda donde está. En realidad, lo que se transfiere son los derechos inherentes a disfrutar de la casa, es decir, quienes pueden hacer uso y disfrutar de ella.

Tú eres dueño del terreno y de todo lo que está adherido a este, pero sin los derechos de uso y disfrute que te permiten el pleno dominio, no podrías gozar de ella a plenitud. Veamos algunos derechos que posees sobre una propiedad:

- Vender
- Rentar
- Vivir
- Donar
- Dejarla vacía
- Hipotecar

- Arreglar
- Demoler
- Construir
- Heredarla o darla en herencia
- Regalarla o prestarla

Inclusive, tienes derecho a no hacer nada con ella. **Cuando posees una propiedad bajo todos los derechos**, entonces eres dueño en **pleno dominio** y gozas de todo el haz de derechos.

Recuerdo cómo el inolvidable y gran profesor Ing. Gilberto Padilla lo explicaba en su salón. Digamos, por ejemplo, que yo te ofrezco mi casa en venta, pero bajo la condición de que no puedes vivir en ella o venderla, ¿pagarías el mismo precio? No creo. O si te vendo la casa y te digo que puedes ejercer todos los derechos menos hipotecarla, ¿crees que valdría lo mismo? No creo.

Cuando renuncias a cualquiera de estos derechos, dejas de poseer tu casa en pleno dominio. Otro ejemplo muy común en la vida real: imagina que **alquilas tu casa** y transfieres el uso y disfrute a otra persona por medio de un contrato de arrendamiento. En este caso, **los derechos cambian de pleno dominio al derecho del arrendador (dueño) y el derecho del arrendatario (inquilino)**. En la práctica de tasación es posible medir ambos derechos bajo ciertas condiciones.

En inglés, el pleno dominio se conoce como *fee simple*. La próxima vez que leas una tasación es probable que te percates de que el valor concluido es en *fee simple*, o sea, en pleno dominio. Claro, existen otros derechos que se pueden medir, pero serían derechos de menos rango.

El derecho en pleno dominio solo puede ser socavado por los **derechos del Estado**. Por ejemplo, si no pagas las contribuciones sobre la propiedad, el Estado puede legalmente venderla para pagar lo que debes. Este es el derecho de **imponer impuestos sobre la propiedad inmueble**. Otro derecho que el Estado ejerce sobre una propiedad es el de **dominio eminente**, que permite la **expropiación forzosa**. Este derecho nace del principio básico de que el bien común está por encima del bien individual. De esta forma, el Estado puede expropiar tu propiedad (o una porción de ella) para construir carreteras, crear líneas de transmisión eléctrica, entre otros. En la expropiación forzosa, el Estado está obligado a brindarte una justa compensación si causa o no daños al remanente. Este tipo de derecho es especializado y se litiga en tribunales de expropiación.

El Estado también posee el **poder policial**. Aquí no me refiero a la fuerza policiaca. El poder policial es el derecho inherente del Estado a regular la propiedad para proteger la salud, seguridad, bienestar y moral de la comunidad. A diferencia del dominio eminente, no es necesario pagar una compensación. Ejemplos clásicos del poder policial del Estado son las ordenanzas de zonificación, restricciones de uso, códigos de construcción, regulaciones del tráfico terrestre o aéreo, códigos de salud y regulaciones ambientales, entre otros.

Finalmente, el Estado posee el poder de **reversión al Estado** (*Escheat*). Este es el derecho titular que tiene el Estado sobre una propiedad cuando el dueño fallece sin dejar herederos.

PUNTO 3. ¿SE PUEDE CONTROLAR EL VALOR?

Había tres borrachos discutiendo sobre cuál tenía la casa más valiosa. El primer borracho dice: "mi casa vale más porque tiene el terreno más grande de la urbanización". El segundo borracho dice: "la mía vale más porque es más espaciosa y tiene la mejor vista". Y Pancracio, el más borracho de los tres, dice: "qué terreno ni qué vista, la mía queda al lado de Yuyo's Liquor Store". En ese momento los otros dos borrachos bajaron la cabeza y al percatarse de su derrota entraron a Yuyo's a celebrar sus penas.

Si eres dueño de una propiedad, existen factores de valor que podrás controlar y otros que no.

Estos son **factores que normalmente no puedes controlar**:

• Los factores económicos

• La localización

• Nivel de desempleo

• La oferta y demanda

• Los accesos y servicios públicos

• Servicios básicos disponibles

• Amenidades y atributos del vecindario

• Riesgo de inundación

- Proximidad a escuelas, centros comerciales y áreas de trabajo
- Zonificación

En cambio, estos **son factores que típicamente sí puedes controlar**. Claro, algunos son más fáciles de cambiar que otros, pero el punto esencial es que puedes tener algún grado de control. También hay factores que aportan más al valor que otros, como veremos:

- La condición física de la propiedad
- El diseño
- El tamaño
- El jardín
- Las mejoras adicionales
- La calidad de los materiales usados
- Los enseres
- La utilidad funcional

Para **maximizar** el valor de una propiedad, debes **maximizar los factores que puedes controlar y abogar comunitariamente por los factores externos que te pueden afectar.**

Para maximizar los factores que se pueden cambiar, el dueño debe determinar la **viabilidad** de la mejora. Hay que saber si dicha mejora aporta o no al valor de la propiedad. Más adelante dedicaré tiempo a este tipo de análisis. Es algo que todo dueño debe tomar en consideración para maximizar el valor de su propiedad.

Debes tener en cuenta que el valor en una localidad está sujeto a **parámetros altos y bajos.** El valor de una propiedad solo se puede maximizar hasta el punto en que esté definido por los precios establecidos en tu vecindario. Por lo tanto, siempre **planifica** para que el costo de tus mejoras y remodelaciones no lleven el precio de venta más allá del valor máximo más probable. Para hacer una buena planificación es imprescindible entender el concepto de **valor vs. costo.** De esta manera, podrás evitar una confusión muy común entre los vendedores que discutiremos en el próximo punto. Entender estos conceptos es primordial para entender cómo piensa el tasador.

También se ha demostrado que mientras más dinero se gaste en la remodelación, menor será el retorno de valor. Por lo tanto, **las remodelaciones que se mantienen dentro de lo típico en el vecindario producirán el mayor retorno de valor** en la propiedad. Ese tema, también, decidí ampliarlo más delante en un ejemplo y de forma numérica para mayor claridad y entendimiento.

PUNTO 4. VALOR VS. COSTO

Luego de hablar con su esposa, Pancracio llama muy emocionado a su tasador y le dice: "necesito aumentar el valor de mi propiedad, así que la voy a pintar, voy a cambiar el diseño a uno más moderno, voy a añadir dos cuartos y dos baños enchapados hasta arriba. Voy a extender la sala diez pies y a instalar gabinetes y enseres más modernos. Le voy a cambiar la fachada a un estilo francés e instalaré puertas y ventanas de seguridad. Voy a poner una nueva cocina con tope de granito y losetas de mármol. ¿Podría decirme cuánto va a costar?".

"Don Pancracio, me parece que está hablando de más de $ 100 000", le dice el tasador.

"Oiga, ¿y cuánto cree que aumentará el valor de mi casa?", pregunta Pancracio.

"Nada", dice el tasador.

"¿Cómo que nada? ¿Ha perdido usted la cabeza?", dice Pancracio.

"Sí, nada, ¿o es que no se ha fijado en que su casa está ubicada en la entrada del vertedero municipal al lado del cementerio embrujado, está totalmente enchapada en azulejo por fuera y el río se mete cada vez que cae una llovizna?".

Uno de los errores más comunes entre los vendedores es que no distinguen entre valor y costo.

En arroz y habichuela, como diríamos en Puerto Rico, el **costo** es la cantidad que gastas en adquirir el terreno y construir mejoras o reparar una casa. O como diría un colega, es la cantidad de dólares americanos que tienes que sacar de tu bolsillo o del banco para construir. El **valor**, en cambio, es el precio más probable de una propiedad negociada entre el comprador y el vendedor bajo condiciones específicas en un momento dado.

La diferencia básica entre uno y otro es que el costo lo determinan las ferreterías, la mano de obra, el precio de permisos y otros gastos a la hora de construir. Por otro lado, el valor lo determinan los compradores y vendedores durante el proceso de negociación de una transacción, por lo tanto, se considera un **valor de transacción.**

Por ejemplo, si compraste un terreno en el barrio Chupacallos de Fajardo por $ 50 000 y gastaste $ 100 000 en construcción, incluyendo planos, materiales, mano de obra, permisos, movimiento de terreno, jardinería, arquitecto, en fin, todo, entonces tu casa costó $ 150 000.

Costo de la Propiedad	
Tierra	$50,000
Mejoras	$100,000
Total	**$150,000**

Ahora, **¿este es el valor de la propiedad?** La respuesta es **no necesariamente**. ¿Por qué?

Porque el comprador no te va a pagar basado en lo que gastaste, sino en lo que otros compradores pagaron por casas similares en el vecindario.

¿Qué significa esto? Que el valor de tu casa se establece en función de los precios de transacciones entre compradores y vendedores en tu vecindario y no de lo que se gastó en ella. **Debido a que el costo es un gasto y el valor es un activo, siempre debemos maximizar el valor de la propiedad y reducir el costo.**

Veamos otro ejemplo sencillo. Gastaste un total de $ 80 000

construyendo una casa en el barrio Sonadora de Aguas Buenas. El terreno de 1500 metros cuadrados era de tu hermano, quien te lo vendió por tan solo $ 10 000. Tu costo total fue de $ 90 000 ($ 80 000 + $ 10 000). Sin embargo, una tasación reciente reveló que el valor de tu propiedad ascendió a $ 185 000. Al construir tu casa, generaste una equidad de $ 95 000 ($ 185 000 - $ 90 000) y todo gracias a tu hermano, lol.

Componente	Costo del Componente	Valor Tasado	Equidad
Tierra	$10,000		
Mejoras	$80,000		
Total	$90,000	$185,000	$95,000

Ahora, si hubieras pagado $ 120 000 por el terreno, entonces el costo habría sido $ 200 000 ($ 80 000 + $ 120 000), pero el valor de tu propiedad continuaría siendo $185 000 porque eso es lo que el comprador típico informado está dispuesto a pagar en esa localidad. Esto equivale a una equidad negativa de $ 15 000 que el mercado no va a reconocer y, por lo tanto, equivale a que gastó más de lo que vale.

Componente	Costo Componente	Valor	Equidad Negativa
Tierra	$120,000		
Mejoras	$80,000		
Total	$200,000	$185,000.00	-$15,000.00

Ahora, ¿por qué esto es importante? Realmente no tiene que ver con las definiciones de valor y costo, más bien tiene que ver con la diferencia entre uno y otro cuando se quiere llegar a un valor.

Para ponerlo en un contexto de la vida real, la **mentalidad del vendedor es propensa a sumar costos cuando quiere crear una**

opinión de valor sobre una propiedad. Debido a que el vendedor quiere recobrar su inversión, este se apoya en los costos, mientras que el comprador, que no quiere pagar más de lo que vale la propiedad, se apoya en el valor. En otras palabras, al vendedor se le hace difícil depreciar su propiedad porque su mentalidad es la de maximizar valor. Como puedes ver, la perspectiva particular de cada participante en una transacción es diferente.

Esta es una razón clave de por qué la opinión profesional de un perito en valor es crucial al principio, cuando el vendedor decide comenzar el proceso de compraventa. Su objetivo es estudiar las transacciones que determinan el valor de tu propiedad y balancear la mentalidad del vendedor y la del comprador.

A continuación, voy a exponer **el razonamiento correcto e incorrecto para aclarar el punto de valor vs. costo.**

El **razonamiento incorrecto** es el siguiente:

"Compré una casa en $150 000, gasté $ 15 000 en una terraza, gasté $ 10 000 en cambiar los gabinetes y remodelar los baños, gasté $ 5 000 en un jardín, por lo tanto, mi casa vale $ 180 000 (pues equivale a la suma de todas mis inversiones: $ 150 000 +$ 15 000 + $ 10 000 + $ 5 000)". Aquí el propietario no se da cuenta de que las cantidades añadidas al precio de venta son costos, no valor.

Valor de la Propiedad		$150,000
Mejora Añadidas	Costo	
Terraza	$15,000	
Gabinetes y baños	$10,000	
Jardín	$5,000	
Costo total de las mejoras añadidas		$30,000
Valor incorrecto de la propiedad		$180,000.00

El razonamiento correcto debería incluir el valor añadido y no el

costo añadido. Dicho esto, debemos razonar de la siguiente manera:

"Compré una casa nueva en $ 150 000, gasté $ 15 000 en una terraza que añadió $ 6000 de valor, gasté $ 10 000 en cambiar los gabinetes y remodelar los baños, lo que añadió $ 8000 de valor, gasté $ 5000 en un jardín, pero no le añadió valor a mi casa.

	Forma Incorrecta	Forma Correcta	Depreciación
Valor de la Propiedad	$150,000	$150,000	
Terraza	$15,000 de costo	$6,000 de valor	$9,000
Cocina y Baño	$10,000 de costo	$8,000 de valor	$2,000
Jardín	$5,000 de costo	$0 de valor	$5,000
Valor de la Propiedad	**$180,000**	**$164,000**	**$16,000**

"Por lo tanto, mi casa vale $ 164 000 (es decir, $ 150 000 + $ 6000 + $ 8000 + $ 0)".

Por naturaleza, la mente humana tiende a sumar a la hora de valorar y es de esperarse, ya que desde pequeños hemos aprendido que 2 más 2 es 4. Sin embargo, **en la valoración de propiedades 2 más 2 no siempre equivale a 4.** La razón se debe a una palabra: **depreciación.** En este caso, la diferencia de $ 16 000 entre el costo y el valor de las mejoras añadidas es la depreciación. **Es la parte del costo que el mercado no reconoce como valor y se pierde debido a tres factores**: 1) obsolescencia funcional, 2) obsolescencia externa y 3) deterioros físicos.

La depreciación es para el valor lo que sería el óxido al metal o la fricción al movimiento.

Existen muchos ejemplos de **obsolescencia funcional**: una propiedad con un diseño no deseado, cuartos sin privacidad o de tamaño inadecuado, una propiedad con cocina y/o baños fuera de moda o con pocos receptáculos, techos bajitos, pocos armarios, entre otros.

Aunque la decoración es fiel al gusto del propietario, quizás no sea funcional para los próximos propietarios. ¿Qué crees tú?

Este baño, aunque totalmente funcional y limpio, está fuera de moda y sufre de obsolescencia funcional.

La depreciación por **obsolescencia externa** (conocida anteriormente como obsolescencia económica) representa la pérdida de valor por factores negativos que se encuentran fuera de la propiedad. Son factores que normalmente no se pueden controlar, como los niveles de ingreso del mercado, la oferta y demanda, condiciones adversas del mercado, desempleo, si la localización está cerca de un vertedero, criminalidad, zonificación, si la comunidad perdió a su mayor empleador, entre otros. Un buen ejemplo sería la pérdida de valor de las propiedades en Puerto Rico debido a crisis económicas.

Muchos rótulos de venta y precios reducidos son señales de obsolescencia externa.

Accesos con tráfico pesado no ayudan a crear valor.

Áreas inundables no ayudan a crear valor.

El concepto de depreciación más obvio es el deterioro físico, ya que como decía un ilustre y famoso cantante puertorriqueño de salsa «Todo tiene su final». En la valoración de casas en Puerto Rico el término de vida económica más utilizado es 60 años. Éste es el período típico desde que se construye la propiedad hasta que las mejoras dejan de contribuir al valor. Una vez llega al fin de la vida económica, «kaputt», ya las mejoras dejan de aportar valor y con mucha probabilidad el próximo paso es demolerlas. Como dato adicional, existe también la edad física para distinguir de la edad económica. La edad física es un tanto más extenso que la edad económica porque la utilidad de una propiedad se pierde primero y luego se pierde la estructura en sí. Al inspeccionar una propiedad el tasador investiga la edad actual o cronológica desde que se construyó hasta el presente. También forma una opinión de la edad efectiva, o sea, la edad que aparenta por su condición y utilidad. Cada vez que arreglas tu casa y la haces más atractiva reduces la edad efectiva. La idea es distinguir entre la cantidad de años que tiene la casa vs. cuantos años aparenta tener. Si la propiedad ha sido bien cuidada su edad efectiva es menor que su edad actual porque aparenta menos edad y si no recibió el cariño adecuado será mayor. La conveniencia de estas edades y la vida económica es que permite un análisis matemático de la depreciación. Veamos el siguiente ejemplo.

Edad actual o cronológica 50 años. Edad efectiva, o lo que aparenta en edad, 15 años. Vida económica 60 años. ¿Cuál es la depreciación total de la casa? Si sabemos que dura 60 años y aparenta 15 años, la depreciación total es de 15 dividido entre 60, o sea, 25%. Si el costo de construir las mejoras es de $ 100 000, y la depreciación es de 25%, entonces el costo depreciado es de $75,000. La edad actual no se utiliza porque lo importante no es cuantos años tiene la propiedad, sino cuantos años aparenta.

Ahora que repasamos el concepto de depreciación y como afecta el valor, podemos entender con más claridad por qué antes de sumar todos los gastos, debes preguntarte cuánto valor reconoce el mercado por cada uno. Este es el fuerte del tasador. Si aprendes a pensar de esta manera, podrás tomar decisiones más acertadas en el negocio de bienes raíces. Esta es la mentalidad que el banco espera del tasador. También es la mentalidad del comprador informado cuando paga por una propiedad.

Esta mentalidad es parte de las reglas del juego y por eso es importante que la conozcas. Si alguna vez te has preguntado por qué la mentalidad del dueño y la del tasador no siempre convergen, esta es una razón.

Normalmente los vendedores tienden a pensar que por cada dólar de costo que añaden a su casa recibirán automáticamente un dólar o más de valor. Pero, por las razones de depreciación que acabamos de explicar, no siempre es así. El hecho de que la depreciación pueda generarse por fuerzas externas que no se pueden controlar y no solo por factores de funcionalidad o desgaste físico pone en riesgo cualquier propiedad, aunque esté en óptimas condiciones.

Desde otro punto de vista, si el valor de tu propiedad está en el **parámetro bajo** del vecindario, por razones de deterioro o porque carece de mejoras, cualquier inversión atractiva que le hagas a tu propiedad tiene más oportunidad de convertirse rápidamente en valor porque existe el margen suficiente en valor para absorber el gasto.

Cuando el valor de tu casa se encuentra cerca del **parámetro alto** del vecindario por su condición, calidad de materiales, la cantidad de remodelaciones o el tamaño del terreno, los costos de mejoras sufrirán una mayor depreciación porque ya el valor de tu propiedad se encuentra comprometido con los valores máximos del vecindario. En este caso, el retorno en valor por dólar gastado será cada vez menor hasta el punto donde agregar más costo no producirá valor a su propiedad **(ley de rendimiento decreciente)**.

De ahí el término sobremejorar la propiedad. **El problema de sobremejorar tu casa es que el gasto es mayor que el valor adquirido, evitando que se pueda maximizar el valor.** Recuerda, la meta es aumentar el valor y no el costo. Otro aspecto un poco más técnico es que esta condición no maximiza el valor del terreno, que es lo que siempre se debe buscar a la hora de invertir en bienes raíces.

Uno de los costos que más valor le añade a una propiedad es la remodelación de la cocina y de los baños. Siempre y cuando sean mejoras típicas, con materiales aceptados, es común que estas remodelaciones generen un retorno más vigoroso y atractivo que, digamos, arreglar una verja o sembrar un jardín.

Veamos entonces varios ejemplos para apoyar el tema. En este caso, presentaré dos ventas hipotéticas.

Para este ejercicio vamos a emplear una **técnica de valoración** conocida como **pareo de ventas**. Esta técnica permite aislar elementos de comparación entre dos a más ventas para estimar las diferencias en valor por tener o no dichos elementos de comparación.

Así que, por ejemplo, si deseas saber cuánto más vale una casa por tener marquesina, puedes hacer un pareo entre dos ventas similares en todo excepto en el hecho de que una posee marquesina y la otra no. Así, la diferencia en valor se puede atribuir a la marquesina y podrías conocer cuánto valor aporta, independientemente del costo de su construcción. De hecho, se espera cierto grado de depreciación.

Veamos un ejemplo hipotético sencillo:

Venta 1
$145,000

Venta 2
$139,000

Descripción	Marquesina	Otros Elementos de Comparación	Precio
Venta 1	Si	Similar	$145,000
Venta 2	No	Similar	$139,000
Valor que aporta la marquesina			**$6,000**

La venta 1 se cerró por más valor que la venta 2. **¿Qué causó un valor mayor?** Obviamente la marquesina es un componente importante que añade valor a una propiedad. En este ejemplo añadió

$ 6 000.

Veamos otro ejemplo hipotético con más sazón. Esta vez vamos a estimar la reacción del mercado por **condición**.

Veamos estas dos propiedades:

Venta 1	Venta 2
$125,000	$95,000
Buena Condición	Condición Regular

Ahora seguro te preguntas si **una propiedad tiene más valor por estar en mejores condiciones.** ¿Cuánto crees tú que sube el valor la condición? Hagamos un pequeño análisis de ambas ventas:

Venta 1 en buena condición

Descripción: se vendió recientemente por un total de $ 125 000. La propiedad consta de un área de vivienda de 1153 p² en un solar de 300 m². Su distribución es de tres habitaciones, dos baños, sala, comedor, cocina y *family room*.

Mejoras adicionales: garaje extendido, áreas pavimentadas, balcón, lavandería, verjas en la parte posterior, armarios.

Condición: buena. La propiedad fue remodelada con materiales típicos y está en una condición por encima del promedio.

La misma se considera una venta fidedigna con motivaciones

típicas.

Venta 2 en condición regular

Descripción: se vendió por un total de $ 95 000. La propiedad consta de 908 p², con un área de vivienda en un solar de 300 m². Es bastante similar a los 1153 p² de la venta 1 y similar en cabida del solar.

Mejoras adicionales: marquesina extendida, áreas pavimentadas, balcón, lavandería, verjas en la parte posterior y delantera y armarios.

Condición: regular. Propiedad funcional, pero con un grado de depreciación mayor por condición.

También se considera una venta fidedigna con motivaciones típicas.

Veamos la descripción de ambas propiedades en esta tabla:

Elementos de Comparación	Venta 1	Venta 2
Precio	$125,000	$95,000
Fecha	Reciente	Reciente
Área de vivienda en P²	1,153	908
Cabida en M²	300	300
Condición	Buena	Regular
Hab/ Baños	3-2	3-2
Puerta de Garaje	Si	No
Verja delantera /Cortina de Aluminio	No	Si
Mejoras Adicionales	Similar	Similar

La siguiente gráfica recoge el análisis del pareo de ventas:

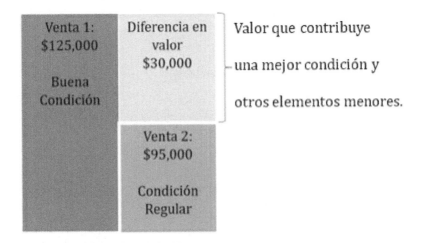

Ambas ventas son recientes, con solo meses de diferencia. Son bastante similares excepto por la **condición de la propiedad** y algunos elementos adicionales de menor impacto, que también se ajustan y que explicaré unas líneas más abajo.

La venta 1 y la 2 se parecen en mejoras adicionales, se considera como ventas fidedignas y con motivaciones típicas. **En conclusión, la diferencia más contundente entre ambas ventas es la condición superior de la venta 1.**

Aquí seguro te estarás preguntando **si la diferencia se le puede atribuir solo a la condición**. La respuesta es **no**, porque existen otras diferencias menores. Aunque la venta 1 es levemente superior en área de vivienda y por su puerta de garaje, esta es inferior porque no tiene verja delantera ni cortina de aluminio como la venta 2. Por lo tanto, el aporte de estos elementos menores será el resultado de ajustes positivos y negativos, según añadan o rebajen el ajuste total.

Si nos fijamos bien, **la diferencia en valor es de $ 30 000** ($ 125 000 - $ 95 000). Se atribuyó $ 8000 a las partidas menores y $ 22 000 a la condición.

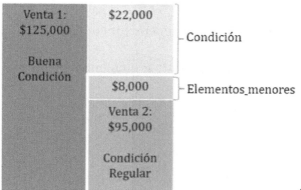

Aquí la gráfica con
aportación de condición y elementos menores según pareo de venta:

A continuación, un **resumen** de cómo apliqué ajustes y asigné la aportación por los elementos comunes y por la condición. La idea es distribuir los $ 30 000 entre condición y los demás elementos menores. Los ajustes realizados también se aplican en base a la reacción del mercado (valor) y no por el costo.

Es precisamente en estos ajustes donde el entrenamiento y experiencia del tasador entran en acción.

La diferencia en área de vivienda se ajustó a razón de $ 30 por p^2, equivalente a +$ 7350 (245 p^2 de diferencia x $ 30/p^2). Es positivo porque aporta a la superioridad de la venta 1.

Fíjate que los ajustes son positivos o negativos dependiendo de si aportan o no al ajuste total. Una forma de verlo es por la aportación de cada elemento tasado.

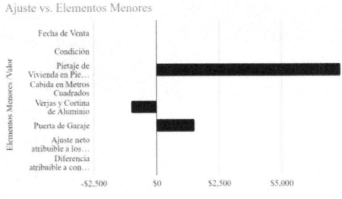

Cálculo de diferencia en valor $125,000 - $95,000 = $30,000 Ajuste

La venta 1, que es la venta superior, no tiene verja ni cortina de aluminio y esto se ajustó a -$ 1000. Es negativo porque le resta al ajuste total. Sin embargo, tiene puerta de garaje y esto se ajustó a + $ 1500. Es positivo porque le aporta al ajuste total.

El sobrante es la reacción del mercado por condición. Recuerda que son valores, no costos. Veamos el resumen completo de lo que sucedió en la tabla final de ajustes.

Elementos de Comparación	Venta 1	Venta 2	Cálculo de diferencia en valor $125,000 - $95,000 = $30,000		Diferencia Total
Precio	$125,000	$95,000	Venta 1 vs Venta 2	Ajuste	$30,000
					Menos ajuste neto de elementos menores
Fecha de Venta	Reciente	Reciente	Similar	$0	-$8,000
Condición	Buena	Regular	Venta 1 superior	Cantidad por determinar	
Pietaje de Vivienda en Pies Cuadrados	1153	908	Venta 1 es superior por 245 P² @ $30/P²	$7,350	
Cabida en Metros Cuadrados	300	300	Similar	$0	
Verjas y Cortina de Aluminio	No	Si	Venta 1 inferior	-$1,000	
Puerta de Garaje	Si	No	Venta 1 superior	$1,500	
Ajuste neto atribuible a los elementos menores				$7,850 redondeado a $8,000	
Diferencia atribuible a condición					$22,000

Conocer cuánto aporta algo en valor se conoce como **valor contributivo**. La relación entre costo y valor es que el valor equivale al costo menos la depreciación, o sea, el **costo depreciado**. Recordemos que normalmente la depreciación acompaña al costo como la fricción acompaña el movimiento.

En resumen, el mercado reconoció $ 22 000 de los $ 30 000 atribuibles a la condición.

Sería interesante preguntarnos **cuánto cuesta lograr una condición superior en vez de cuánto aporta dicha condición.** Esto vuelve a poner en perspectiva el valor vs. costo. Entonces, si aporto $ 22 000 en valor, **¿cuánto gasté para lograrlo?**

Este tipo de análisis también nos ayuda a determinar si añadir más costo aporta o no en valor y en qué grado. Si el costo es menor al valor, entonces aporta valor. Por el contrario, si el costo es mayor al valor añadido, o sea, cuesta más de lo que aporta, no contribuye valor.

Al principio de este punto hablamos de los parámetros altos y bajos de un vecindario. Como puedes ver, si tu casa está en el parámetro bajo, el costo se convertirá rápidamente en valor. Pero mientras más se acerque tu propiedad al parámetro alto del vecindario, menos viable será la mejora porque el valor tiene límite en los mercados.

Otro aspecto que deben tomar en cuenta aquellos que invierten en propiedades para arreglarlas es que las reparaciones pueden venir acompañadas de depreciación, aunque si el precio de inversión es suficientemente bajo, el negocio todavía puede ser atractivo. Podríamos decir que se pierde la batalla, pero no la guerra, solo se debe tener más control del gasto porque cada dólar invertido producirá más depreciación y una porción de la equidad se perderá, pues hay que gastar más de lo que aporta la mejora. Al final, se trata de cuánto gastaste y en cuánto vendiste la propiedad como un todo. Si ese cálculo es negativo, entonces perdiste la guerra y no deberías realizar la inversión.

Veamos ahora cuánto se gastó. Para lograr la condición superior podemos estimar los costos de las mejoras que crearon el alza en condición de $ 22 000. Estas se pueden estimar hipotéticamente de la siguiente manera, asumiendo que la labor se realice por contratistas profesionales:

Mejoras	Costo de Mejoras
Pintura	$2,500
Losetas	$3,178
Cocina	$7,000
Plomería/ Eléctrico	$2,000
Dos baños	$7,000
Puertas en Madera	$1,500
Ventanas	$875
Gastos misceláneos	$5,000
Costo Total	**$29,053**

Por lo tanto, habría que invertir $ 29 053 (costo) en mejoras. Sin embargo, el valor adquirido de las mejoras es de $ 22 000.¿Recuerdas a qué se debe la diferencia? La diferencia entre el costo y el valor añadido es de $ 7053 ($ 29 053 - $ 22 000) y se atribuye a la depreciación por las tres causas que describimos anteriormente. Por eso, en valoración 2 más 2 no siempre es 4.Si lo llevamos a porcentajes, el 24.28 % del costo invertido se perdió debido a la depreciación. En este ejemplo, por cada dólar invertido el mercado reconoció en valor el 75.72 %.La siguiente tabla resume el costo vs. el valor adquirido con su correspondiente porcentaje:

Gastos en mejoras	$29,053	100%
Valor añadido por mejoras	$22,000	75.72%
Depreciación	$7,053	24.28%

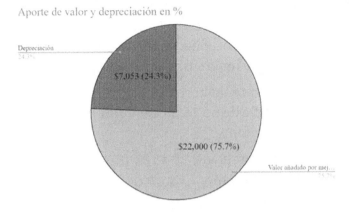

Aporte de valor y depreciación en %

¿Cómo calcular cuánto pagar por una propiedad que necesita reparaciones?

Si vas a invertir en la venta 2 para revenderla, tendrías que estimar cuánto valdría la propiedad como si estuviera arreglada, o sea, con mejoras propuestas, para luego restar los costos de reparación y mejoras y una ganancia razonable que depende de cada inversionista. Normalmente esta ganancia puede fluctuar entre un 10 % y 20 % dependiendo del riesgo inherente en la transacción. Como inversionista, debes asegurar un estimado de **reparaciones** por un profesional cualificado para minimizar tu riesgo.

Este ejemplo ha sido simplificado para mayor sencillez, pero existen otros gastos adicionales, como costos de tenencia si el período de mejora es extenso, ganancia de capital, contribución sobre la propiedad, mantenimiento y costos menos obvios que pueden restarle a la equidad, entre otros. O sea:

Precio de inversión equivale a = Valor con mejoras propuestas - costo total de mejoras o reparaciones - ganancia deseada

Por ejemplo, la venta 2 tiene un valor de $ 95 000 en condición regular. Asumamos que, si se arregla, la venta 2 tendrá un valor del mercado de $ 112 000. Si sabes cuánto hay que invertir en reparaciones, incluyendo costos de permisos de construcción y todos los gastos necesarios, puedes estimar cuánto deberías pagar por la propiedad como inversión para luego revenderla arreglada.

Digamos que tienes que invertir $ 17 000 en reparaciones y que requieres una ganancia de un 15 % del valor de la venta. Entonces el cálculo sería el siguiente:

Valor de propiedad arreglada	$ 112 000
menos gastos de reparación	-$ 17 000
menos el 15 % de $ 112 000	-$ 16 800
Precio de inversión	= $ 78 200

Si tienes la suerte de adquirir la propiedad por menos de $ 78 200, tu ganancia aumentaría. Si utilizas los servicios de un corredor de bienes raíces, tu ganancia se reducirá de acuerdo con la comisión pactada.

Recuerda que mientras más gastes en mejoras, más te alejarás de la remodelación típica y más depreciación generarás porque el mercado no lo va a reconocer como valor, asumiendo que la construcción no tome más tiempo de lo usual y que no surjan imprevistos considerables.

Esto es una indicación de que **el comprador exige eficiencia, utilidad, atractivo, conveniencia y prudencia a la hora de pagar por las inversiones que has realizado a tu propiedad.** Mientras más te alejes de estas exigencias, más depreciación generarás. Por esta razón, la persona que invierte en bienes raíces siempre estará bajo la presión de lograr todas estas condiciones por el menor costo posible. **Los que logran dominar esta regla del mercado de bienes raíces pueden viajar a las playas del mundo y estar tranquilos porque sus inversiones son rentables.**

Ahora, te voy a dar un dato interesante sobre la mentalidad del tasador y la del contratista cuando se habla de unitarios de construcción. Probablemente te has percatado como el contratista habla del costo por pie cuadrado para cotizar la construcción de una propiedad. Es importante reconocer que en numerosas ocasiones el unitario que provee el contratista es un costo promedio por pie cuadrado. El contratista calcula sumando todas las áreas construidas ya que es obvio que es lo que va a construir. De esa manera, si el contratista construye 1 000 P^2 de área de vivienda, con una marquesina con 400 P^2 y una terraza con 500 P^2, construyó un total de 1 900 P^2. Si tomamos un costo total de construcción de $106 500, el contratista calcula el unitario por pie cuadrado dividiendo $106 500 entre los 1,900 o $56/$P^2$. Puedes entender ahora por qué es el costo promedio.

Contrario al contratista, el tasador realiza el mismo cálculo, pero en vez de utilizar el total de área construida, emplea solo el área de vivienda. Así el tasador divide los $106 500 entre los 1 000 P^2 de área de vivienda con un resultado de $106.50 por pie cuadrado.

Es conveniente saber esto para evitar confusión con los unitarios del contratista y los del tasador. Para el tasador resulta más conveniente dividir los costos de construcción por área en vez de brindar un costo promedio por pie cuadrado. De esa manera puede considerar y depreciar cada área independientemente. En adición, el área de vivienda es más relevante para el tasador porque es donde se concentra el valor de la propiedad. Todo lo que se construye en adición, como marquesinas, terrazas, balcones, gazebos, piscinas, verjas, closets, etc., se toma como mejoras adicionales que añaden utilidad y valor, pero en una proporción menor. Por eso, la próxima vez que te topes con un unitario de construcción deberás preguntar si se estimó a base del área de construcción o el área de vivienda.

PUNTO 5. ¿QUÉ SIGNIFICA MAXIMIZAR EL VALOR DE TU PROPIEDAD?

El comprador le pregunta a Pancracio: "¿es verdad que este vecindario es muy peligroso, especialmente de noche?". Pancracio le responde: "permítame decirle que en los 30 años que llevo viviendo en este vecindario nunca he sido saqueado por vikingos, nunca he sido atacado por Godzila y jamás se ha visto al chupacabras, ovnis ni extraterrestres. ¡Es sumamente seguro!".

El comprador se siente un poco incómodo con la respuesta de Pancracio, pero insiste: "¿cuánto está pidiendo por su humilde casa de madera?". Pancracio contesta: "un millón de dólares". "¿Cómo? ¿Está usted loco?", dice el comprador. "Bueno", dice Pancracio, "puede darme $ 200 000 ahora, viva en la casa por un año. Si no está satisfecho, le devolveré cada centavo de lo que me debe".

Cuando hablo de maximizar el valor de tu propiedad, no me refiero a vender por encima de lo que vale, como quiere hacer Pancracio. Eso se conoce como vender con sobreprecio y en momentos de incertidumbre es un "suicidio de venta".

Maximizar el valor de tu propiedad es **lograr el mayor precio posible** que la propiedad pueda sostener en un mercado abierto **tomando en cuenta condición, mejoras y demás elementos de comparación.**

Es obvio que todos queremos vender nuestra casa por el mayor precio posible y estamos dispuestos a batallar. Sin embargo, el vecindario está sujeto a un mercado y a un parámetro máximo definido por los precios que refleja el propio mercado. Maximizar el valor es acercarse lo más posible a ese **valor máximo del mercado**. Si quieres aprender a invertir en bienes raíces es crucial que entiendas y aceptes esta regla básica del mercado.

Explicado con arroz y habichuelas, cuando hablo del **mercado** me refiero a localidades cerca de ti donde se venden propiedades similares que compiten por el mismo grupo limitado de compradores.

Por lo tanto, si quieres maximizar el valor de tu propiedad, lo primero que tienes que averiguar es el **valor del mercado** y los **parámetros máximos** del mercado de tu localidad. Una **tasación** te brindará esta información. El valor del mercado calculado por un **Evaluador Profesional Autorizado (EPA)**, entonces, asume la condición y las mejoras que tiene la propiedad al momento de ponerse a la venta.

Recuerdo que una vez recibí una llamada de una dama de Santa Isabel. Ella estaba muy decepcionada con un proceso de compraventa que no tuvo éxito porque el precio de la tasación del banco llegó $ 15 000 por debajo del precio de venta. El proceso había durado más de dos meses y al final el comprador decidió no comprar por la diferencia entre el precio de venta y el valor de tasación. La compradora por su lado se mantuvo en su precio. Cuando llamó, me pidió una opinión. Desafortunadamente, le expliqué que su error fue no haber tasado su propiedad antes de entrar en el proceso de compraventa y proceder como si el mercado no estuviera sujeto a parámetros. Al desconocer las reglas básicas del mercado de bienes raíces, la transacción fracasó.

El valor del mercado es el
punto de partida

Pancracio le comenta al vendedor: "el que paga siempre tiene la razón. Si voy a un restaurante y no me dan la carne como yo la quiero, sencillamente hago lo que me da la gana y no pago".

A todo, el vendedor sube y baja la cabeza en total acuerdo.

Inmediatamente Pancracio le pregunta al vendedor: "¿cuál es el precio de la propiedad?". El vendedor le indica que es un millón. Pancracio, que padece de mal carácter, le pregunta al vendedor en un tono molesto: "¿Cómo es posible que esté pidiendo un millón por esta pocilga? Ese no puede ser el valor del mercado. Demando ver una tasación ahora mismo".

"Tenga", dice el vendedor, "aquí está la tasación".

"¡Ve! Lo sabía", dice Pancracio. "Esta tasación indica $ 950 000 por debajo de lo que usted está pidiendo".

"Sí", dice el vendedor, "es que no me gustó la tasación, así que estoy haciendo lo que me da la gana porque «el que paga siempre tiene la razón»".

En el chiste anterior el pobre Pancracio tuvo que tomar de su propia medicina. También es evidente que el vendedor desconocía las reglas básicas e hizo lo que le dio la gana. Creo que sobra decir que eso no está bien y que es necesario conocer todas las reglas y valores para "jugar limpio".

Existen muchos tipos de valores, por ejemplo, el valor de liquidación, el valor de disposición, el valor de inversión, el valor en uso, el valor agregado, el valor prospectivo, el valor retrospectivo, el valor del derecho del arrendador, el valor del derecho del arrendatario, el valor asegurable y otros.

Sin embargo, el **valor del mercado** es el foco principal de la mayoría de las tasaciones y muchas personas desconocen que está definido detalladamente en la tasación. Si deseas saber cómo piensa el tasador, debes prestar mucha atención a este punto.

¿Alguna vez te has preguntado cuál es la definición de valor del mercado? Si no lo has hecho, igual te la voy a decir porque es importante que entiendas que cuando el tasador estima el valor de tu propiedad, está sujeto a cumplir con todos los elementos de esta definición. Esto es parte de la **mentalidad del tasador** y explica por qué la perspectiva del vendedor y la del tasador no siempre son las mismas.

El valor del mercado es la regla de oro del mercado de bienes raíces, pero especialmente del **proceso de financiamiento**. Todas las hipotecas bancarias se rigen por la versión federal del valor del mercado para determinar valor y, por ende, la cantidad a prestar. Conocer esta regla te ahorrará mucho tiempo, dinero y sin sabores. Desconocerla es como bajar por "La Piquiña" (es decir, una carretera tortuosa) a 120 MPH.

Ahora así, entremos en el modo estudioso. Aquí la versión típica del valor del mercado:

La definición del valor del mercado es el **precio más probable** que una propiedad puede generar en un mercado abierto y competitivo donde se den las condiciones para una venta justa entre el vendedor y el comprador, quienes deben actuar prudentemente y con conocimiento, asumiendo que el precio no esté afectado por estímulos externos. En esta definición queda explícito que la venta se realiza en una fecha específica y que en la transferencia del título del vendedor al comprador se den las **siguientes condiciones**:

- Tanto el vendedor como el comprador estén **motivados** a realizar el proceso.
- Ambas partes estén bien **informadas o asesoradas**, actuando según lo que consideran sus mejores intereses.
- Se permita un **tiempo razonable de exposición en el mercado abierto.**
- **El pago** es hecho en efectivo en dólares americanos o en términos de arreglos financieros comparables.
- **El precio** representa la consideración normal para la propiedad vendida sin verse afectada por concesiones creativas o especiales de financiamiento o concesiones de venta brindadas por alguien asociado con la misma.

Si te fijas, **implica muchos detalles específicos**. Se asume que las partes están motivadas y bien informadas, lo cual no siempre es así, por lo que el tasador tiene que analizar si el precio pagado en una transacción refleja **motivaciones típicas y normales**. Si utilizamos la analogía del bizcocho de vainilla mojadito, tendríamos que ver si los ingredientes y sus proporciones fueron correctos. Por ejemplo, un divorcio usualmente no representa una motivación típica. Un negocio que necesita comprar el lote del vecino para estacionamiento tampoco representa una motivación típica. Lo mismo puede suceder con ventas entre familiares.

La definición también requiere un **tiempo razonable de exposición**. En arroz y habichuelas, esto quiere decir que los precios altos se tardan más en vender y los bajos se tardan menos, por lo tanto, el tasador debe escoger ventas que hayan tardado un tiempo típico razonable de exposición en el mercado porque estas reflejan los valores más probables del mercado. Así también se evita usar ventas con un tiempo atípico que pueden resultar en una sobrevaloración o subvaloración del valor.

Por otro lado, cuando se trata de valores más probables, lo normal es que un tasador no concluya por un parámetro alto a menos que la propiedad lo amerite por su condición, tamaño, calidad de materiales, entre otros. En otras palabras, que verdaderamente tenga los **atributos de superioridad** que la cualifiquen para ese parámetro.

Otro detalle de la definición es el tipo de **financiamiento**. Muchas veces los vendedores logran pedir más por una propiedad porque el financiamiento le resulta favorable al comprador. Por lo tanto, las ventas con financiamiento creativo no representan el precio más probable y el tasador debe considerar otras ventas comparables, y de no haberlas realizar ajustes al precio de venta.

También es común ver cómo los desarrolladores y el gobierno ofrecen descuentos, incentivos, enseres, mejoras y hasta carros por la compra de propiedades. ¿Crees que estos incentivos afectan el valor del mercado de una propiedad? Es muy probable que sí, y para neutralizar el efecto en valor de estos incentivos, el tasador también debe decidir **cuánto de estos incentivos deducirá al precio de venta**, ya que el vendedor en realidad está perdiendo parte de su equidad al tener que incentivar la venta.

Como puedes ver, esto del valor del mercado es más abrumador de lo que uno pudiera pensar. Técnicamente podríamos salir a "chinchorear" o pasear por la isla de Humacao a Mayagüez (de rabo a cabo) y regresar sin terminar de desmenuzar todos los elementos que encierra esta definición.

Según la definición que hemos visto, los precios pagados por los participantes no siempre se pueden considerar como valor del mercado.

Primeros pasos para maximizar el valor de tu propiedad

Ahora hay que **obtener el valor del mercado**, porque si no sabemos cuál es y ubicamos el precio de venta muy por encima o muy por debajo, afectan los **tiempos de venta**. Si lo ubicas por encima del tiempo de venta, se extenderá, y si lo ubicas por debajo, creará un frenesí entre los compradores.

El **tiempo de venta es importante** porque si el precio de venta genera muchos compradores inmediatamente, es probable que el precio esté por debajo del valor de mercado. Si, por el contrario, no genera suficientes compradores en un mercado activo dentro del término típico de mercadeo, su precio de venta podría estar por encima del precio máximo razonable. Debemos considerar que los compradores monitorean los precios constantemente y con los recursos tecnológicos disponible la información y precio de las propiedades está al alcance de todos con tan solo sentarse frente a una computadora.

Para evitar esto, lo más recomendable es **tasar tu propiedad**. Así estarás un paso delante de los demás participantes en la transacción, tendrás información valiosa para establecer un precio de venta en sintonía con el mercado y obtendrás más poder de nego-ciación. Esto es ventajoso porque **en el financiamiento de bienes raíces todo gira alrededor del valor del mercado** y si ya tienes una opinión de valor profesional desde el principio, te aseguro que **estarás en una posición privilegiada para negociar.**

Una tasación también te ayudará a **prever el valor para el banco** de acuerdo con la definición oficial del valor del mercado y a identificar **reparaciones** necesarias para el financiamiento. Las reparaciones son requeridas por los inversionistas, quienes luego compran las hipotecas al banco. A estos inversionistas se les denomina **mercado secundario**, como Fannie Mae, Freddie Mac y otros.

Esto no quiere decir que varias tasaciones de la misma propie-dad tendrán el mismo valor, ya que siempre hay un elemento de subjetividad al escoger ventas y realizar ajustes, pero si las ven-tas comparables son adecuadas, los valores deberían mantenerse relativamente en un mismo margen.

El precio que escojas en relación con el atractivo de tu propiedad no debe alejarse mucho del valor tasado y puede significar el éxito o el fracaso de la compraventa. El no reconocer esto te costará tiempo y dinero. La experiencia me ha dado la razón sobre esto una y otra vez. Evita contratiempos y comienza con el pie dere-cho.

Lo segundo que debes reconocer es que **en mercados con poca ac-tividad el número de compradores buscando casas es LIMITADO** y los valores pueden empeorar si el número de casas a la venta (oferta) aumenta.

Quiero super enfatizar este punto porque cuando los mercados carecen de actividad los vendedores asumen que la cantidad de compradores en su vecindario es ilimitada y "queman" fácil-mente las oportunidades de venta por no estar en sintonía con el mercado. Puede que exista un grupo potencial de compradores más amplio, pero los calificados, los llamados *ready, willing, and able*, son más limitados.

Para maximizar las probabilidades, debes **preparar tu propiedad para recibir a los** *ready, willing, and able*. El problema es que al no tener claro cuál es el valor del mercado, los vendedores especulan con estos compradores y pierden la oportunidad de negociar dentro de los periodos típicos de venta. En esta etapa, y para no perder la oportunidad, ya debes haber tasado tu propiedad y establecer el precio en sintonía con el estipulado según tu vecindario, condición y amenidades. Eso evita renegociaciones y vende más rápidamente, sin complicaciones.

Otro punto: prepárate para **mercadear dentro de un periodo típico**. Este puede ser entre varios días a tres meses en mercados muy activos y activos o entre 3 y 6 meses en mercados activos moderados y de 6 a 12 meses en mercados moderados más afectados. En mercados comerciales y residenciales con poca demanda, el periodo puede extenderse por más de un año. Para determinar el grado de actividad del mercado, el tasador toma en consideración los días que la propiedad permanece en el mercado desde que es listada hasta que se vende. Este período se denomina 'días en el mercado" o quizás es más popular el término en inglés, DOM o *days on market*.

La idea es que puedas vender tu propiedad a un precio máximo razonable. En tiempos mejores, un periodo de uno a tres meses se consideraba típico. Las casas que se venden dentro del período típico reflejan los precios más razonables del mercado y, por lo tanto, se alinean con la definición de valor de mercado que expliqué anteriormente. Este período típico, sin embargo, podría variar por localización.

Anunciar tu propiedad es importante. Siempre he recomendado los servicios de un **buen corredor**. Asegúrate de que sea activo, que conozca tu vecindario y que ya tenga contacto con los *ready, willing, and able* de tu localidad.

Es importante que tu casa esté lo más **presentable** posible cuando comiences a enseñarla. De no ser este el caso, entonces asegúrate de que el precio vaya a la par con la condición de la propiedad.

Si no lo haces, el tasador del banco lo hará por ti. Recuerda que los procesos hipotecarios ya están establecidos y no se pueden ignorar o cambiar. No pierdas oportunidades por eso.

Si no vendes dentro del periodo típico del mercado, tu casa va a tener que esperar a que el mercado continúe "pariendo" más compradores, por lo que el tiempo de mercadeo se extenderá. A la larga, si tu precio es muy alto, tu propiedad entrará en una especie de **limbo de venta** que puede durar años.

He sido testigo de esto y de cómo han tenido que vender por debajo del valor del mercado, ya que la propiedad pierde atractivo y se "quema" en el mercado de los *ready, willing, and able*. Recuerda que los compradores, vendedores y los corredores mantienen comunicación y no existen secretos en los vecindarios. **Mientras más tiempo esté la propiedad en el mercado, menos atractiva se tornará** para el grupo limitado de compradores en un momento dado. Esta es otra regla básica del mercado de bienes raíces que debes conocer.

Recuerda que jugar **a favor** de las reglas es maximizar y jugar **en contra** de las reglas del mercado es **contraproducente**.

En una ocasión un cliente que tenía una propiedad en el Condado se comunicó conmigo porque el mismo día que decidió anunciar su casa para venderla recibió muchas llamadas de personas interesadas. Esto le hizo sospechar que el precio estaba desajustado; luego de tasarla, descubrió que la estaba vendiendo $ 100 000 por debajo del precio del mercado. Este cliente estuvo a punto de regalar $ 100 000. ¿Qué harías tú con $ 100 000?

Veamos ahora algunas **razones** que pueden ocasionar que **un vendedor quiera** ir **en contra de las reglas básicas** del mercado de bienes raíces.

- **Desconocimiento** del mercado.
- El dueño ha **sobreinvertido** y desea recuperar su inversión forzando un sobreprecio.
- La propiedad **debe mucho** y el vendedor quiere forzar el valor para obtener un sobrante.

- La propiedad tiene un **valor sentimental** para el dueño.
- El vendedor tiene un **concepto equivocado de compradores no informados** y con mucho dinero que le van a comprar la propiedad a cualquier precio. A esto lo denomino «el síndrome del extranjero adinera'o».
- En ocasiones, la pura **ambición** del dueño es la razón para pensar que el mercado de bienes raíces no está sujeto a parámetros de valor.
- Un vecino o un familiar le dijo que **no pidiera menos** de una cantidad.
- La propiedad es parte de una **herencia** y la presión de los herederos lleva a pedir sobreprecio.
- El vendedor necesita una cantidad de dinero para **comprar otra casa.**

Todas estas razones pueden tener validez para el vendedor, pero **jamás para el comprador o el banco.** Los que hemos vendido propiedades en algún momento sabemos que estas razones contraproducentes son muchas veces la norma, no la excepción, y eso es terrible para la transacción.

Lograr que el vendedor **acepte** las reglas no siempre es fácil. De ahí la frase que se dice entre los profesionales de bienes raíces: «es mejor ser el tercer corredor de una propiedad que el primero».

Es fácil detectar a los vendedores que se aferran a estas razones contraproducentes porque usan frases como "no tengo prisa de vender" o "es cuestión de buscarle el novio". Antes de las numerosas crisis que hemos pasado, cuando el mercado era dominado por los vendedores, se solía escuchar estas frases con frecuencia. Ahora solo hacen que el comprador pierda interés en la casa.

Para lograr vender tu propiedad dentro del período razonable para tu vecindario, debes evitar usar estas frases con tus compradores. Es como gritar "fuego" en medio de una fábrica de pólvora. Todos saldrán corriendo en pánico y eso no es conveniente porque el grupo de compradores *ready, willing, and able* es limitado.

Valora y aprende a comunicarte con tu comprador. Si no estás de acuerdo con su oferta, tranquilamente expresa que es muy poco dinero. Así podrás sentar las bases para una posible negociación con tasación en mano. Quiero dejar claro **que no estás obligado a mostrar la tasación privada** si no lo deseas o no te conviene. Pero es algo que tendrías que pesar en su debido momento.

Lograr que el vendedor venda durante una crisis económica puede ser un proceso complicado. Lamentablemente muchas veces ocurre demasiado tarde, cuando la transacción llega al banco. Una vez en el banco, la propiedad se manda a tasar para propósitos hipotecarios, cuando se recibe la tasación, la transacción se hace sal y agua porque el valor de la transacción y el valor del mercado no fueron compatibles. A la larga, todos pierden tiempo y dinero si no existe ánimo de negociar. Esto es más propenso a ocurrir en una crisis económica, cuando los valores no son tan obvios en comparación con mercados activos donde las comparables son más abundantes.

Otro elemento que debes tener en mente son los **bancos.**

Aquí te voy a pedir **extrema atención,** permíteme explicarte algo. Los tiempos cambian y **el proceso hipotecario se ha ido transformando, es más transparente y se ha aferrado al valor del mercado,** como debe ser, para evitar otra vergonzosa crisis financiera. El gobierno federal "tiró la toalla" con los bancos, pero nada puede garantizar que esto vuelva a ocurrir. Por eso, después de la aprobación de FIRREA, los procedimientos hipotecarios se han vuelto más rigurosos y las agencias reguladoras monitorean los procesos. Esto quiere decir que, si antes era difícil hipotecar a sobreprecio, ahora es prácticamente imposible. **La ley de los bancos ahora es una y solo una: valor del mercado.**

Así que voy a **concluir** este punto con una descripción de cómo yo procedería:

- **Tasar la** propiedad antes de ponerla a la venta. Recuerda que con ventas recientes el valor de la tasación va a reflejar la condición adversa del mercado, por lo que no es necesario un ajuste adicional por los problemas en la economía.

- **Ubicar el precio entre un 3 % o 5 % por encima** y prepararme a **negociar con el comprador**. Si el inventario de casas a la venta es extenso, la situación empeora para el vendedor debido a que se podría generar un mercado de compradores y no de vendedores, haciendo que el vendedor pierda fuerza de negociación.

- Las **concesiones de venta** donde el vendedor aporta los gastos de cierre del comprador prevalecen en el mercado. En otras palabras, durante períodos de crisis los vendedores prefieren otorgar la concesión que buscar otro comprador.

- Hay segmentos del mercado que se han beneficiado con la llegada de los inversionistas adinerados bajo los **Actos 20/22**. Estas leyes permiten **incentivos bajo ciertas condiciones a personas de Estados Unidos que invierten en Puerto Rico**. Estas son áreas específicas como Condado, Isla Verde y sectores de Dorado, Rio Grande, Rincón, entre otros. Son excepciones.

«Es lo que es»

"Venga por aquí", le dice Pancracio al comprador. "Le voy a mostrar mi propiedad. Detrás de mi casa van a construir el hotel más lujoso de Puerto Rico. Frente a mi casa abrirá el centro comercial más espectacular del Caribe. En el lado izquierdo construirán el centro de convenciones más prestigioso del Caribe y en el lado derecho se construirá el coliseo más grande de la isla".

En eso el comprador lo interrumpe y le dice un tanto descompuesto: "disculpe, señor, pero soy claustrofóbico y si sigue hablando me va a tener que llevar de emergencia al hospital, y hay una alta probabilidad de atontamiento y regurgitación en su carro".

Tradicionalmente, los vendedores siempre se han valido de cualquier detalle para tratar de realzar la imagen de la casa y del vecindario. Después de todo, al comprador le tiene que gustar lo que está comprando y la psicología del vendedor es importante.

Pero, si quieres vender en un tiempo razonable, **debes aceptar tu casa en la condición en que esté. ¡Es lo que es!** Si está deteriorada, pues, santo y bueno, está deteriorada y su precio de venta lo debe reflejar. Lo mismo si está sin terminar o fuera de moda. Si está mejorada atractivamente con buenos materiales, también lo debe reflejar su precio. Ahora bien, eso no equivale a que tu casa sobrepasará los parámetros altos del vecindario, con certeza el banco tampoco lo permitirá.

Lo que debes entender es que tan pronto el comprador note que le quieres vender gato por liebre, querrá huir de tu casa como liebre asechada. Lo más importante es que **ajustes el precio de tu propiedad** a la localización, condición, calidad y mejoras que tiene. Si no lo haces, el tasador del banco lo hará cuando se mande a tasar. Recuerda que tu casa está compitiendo con otras en el mercado. Pero, ojo, cuando valores tu propiedad no caigas en el error de sumar costos en vez de valores según lo que explicamos en páginas anteriores.

PUNTO 6. "EL EJERCICIO" Y DATOS FINALES PARA VENDEDORES

Llega Pancracio muy contento donde su esposa y le dice: "mi amor, ya verifiqué todas las casas que están a la venta en el vecindario y la próxima que se va a vender es la de nosotros". "¿Cómo lo sabes?", pregunta la esposa. Dice Pancracio: "porque cuando se enteraron de que íbamos a vender, todos los vecinos retiraron el rótulo de «Se vende»".

Un buen ejercicio que te ayudará a conocer tu competencia y a tener una idea de qué tan rápido se venderá tu casa es hacer un inventario de las propiedades que están a la venta en tu localidad. Puedes buscar en Internet o dar un paseo por la localidad.

No te limites únicamente a propiedades dentro de tu urbanización. Si puedes, visita también otros vecindarios con precios similares que compitan por los mismos compradores. Esto te ayudará a estar en sintonía con tu mercado.

La idea es identificar las propiedades que más se parezcan a la tuya y averiguar cuánto piden por ellas. Por ejemplo, si descubres que una propiedad muy similar en localización, condición, mejoras, entre otros, se está vendiendo por $ 150 000 y tú estás pidiendo $ 160 000, es muy probable que la de $ 150 000 se venda primero que la tuya. De esta manera, sabrás que tendrás que esperar a que esa propiedad se venda. Esto es, si no estás dispuesto a negociar.

Una **propiedad similar o comparable** es una parecida en elementos de comparación y con el mismo atractivo que envuelva motivaciones de una transacción fidedigna. Esto último quiere decir que las motivaciones se mantienen fieles a la definición de valor de mercado. Por ejemplo, las ventas entre hermanos, por divorcio o por ejecución no se consideran fidedignas. Son bizcochos con ingredientes incorrectos y desproporcionados. Una buena comparable tiene **motivaciones aceptables**, un área de terreno similar, un área de vivienda similar, edad similar, una cantidad de cuartos y baños similares, una condición similar, calidad similar, mejoras adicionales similares, localización similar, entre otros. **Mientras más similar, mejor indicador de valor** será la comparable siempre y cuando sea una venta fidedigna.

Ahora bien, encontrar una casa que sea totalmente similar no es posible en bienes raíces porque siempre van a existir diferencias básicas, aunque las propiedades estén ubicadas en el mismo vecindario. **Lo ideal es que la propiedad tenga más similitudes que diferencias**, luego, **las diferencias se ajustarán empleando el método de pareo de ventas** para establecer el valor del mercado. El tasador se especializa en este tipo de ajustes.

Nunca compares casas en urbanizaciones con casas en barrios o comunidades. Tampoco compares condominios con casas. Si la propiedad está dentro de un acceso controlado, la comparable también debe estarlo. Si la propiedad es un *duplex*, un *town house*, un *walk-up* o un *patio home*, la comparable también. Recuerda, **chinas con chinas y botellas con botellas.**

Por otro lado, existen mercados inactivos que están repletos de rótulos de «Se vende» por doquier y hay muchas propiedades reposeídas por los bancos. En estos casos, el vecindario se encuentra bajo una condición de poca demanda y mucha oferta, por lo que los precios se verán afectados adversamente. Así, el valor del mercado estará atado a precios de **liquidación** o de **disposición**. Es común ver que las tasaciones de estos vecindarios incluyen ventas de propiedades reposeídas, ya que son las ventas que mejor reflejan el valor del mercado. Si lo vemos desde el punto de vista de valor vs. costo, los precios pagados en estas localidades están altamente depreciados independientemente de cuánto cuesta construirlas. ¿Esto te suena a algo? ¿Recuerdas cómo se llama ese tipo de depreciación que causa pérdida de valor por factores externos? Si tu respuesta fue depreciación externa, acertaste. Estaba fácil, ¿verdad?

Si lo miramos desde el punto de vista de tiempo en el mercado vs. precio, los períodos en estos vecindarios inactivos aumentan por falta de compradores y exceso de casas a la venta. Bajo esta condición la única opción del vendedor es reducir el precio a pedir para liquidar o disponer de su propiedad. Es la mano invisible del mercado influyendo de una forma adversa.

En términos simples, este es parte del trabajo que el **tasador** realiza para estimar valor. La ventaja del tasador es que ya tiene la experiencia y la información para formar **una opinión de valor** más **creíble**, **sustentada** y, sobre todo, **imparcial**.

El tasador también es perito en valoración y está entrenado para **estimar cuánto valor pueden aportar los diferentes elementos de comparación.** Es lo que realiza día tras día, una y otra vez. Así, podrá realizar ajustes a las ventas comparables con más certeza.

Un punto vital es que **el tasador no tiene interés en tu propiedad,** por eso te brindará una opinión honesta. Cuando se trata de valor, la mejor solución es dejarlo en las manos expertas del tasador.

Otras razones para tasar tu propiedad

- Te ayuda a **ubicar el precio** a pedir en sintonía con los precios del mercado. Si no lo haces, el tasador del banco lo hará por ti.
- Mayor **credibilidad,** ya que el perito en valoración te dará una opinión imparcial y sustentada con datos del propio vecindario, no con opiniones de terceros par-

ciales.

- **Descubrirás situaciones de valor**, reparaciones, incumplimiento de mejoras, servidumbres, incumplimiento con FHA, entre otros que pueden acabar con tu transacción en un instante.
- **Elimina las falsas expectativas** de valor.
- **Formaliza tu transacción**. Muchos compradores exigen ver una tasación.
- Obtendrás un **documento escrito que describe tu propiedad** en una fecha específica. Puede ser evidencia para casos en corte o trámites del gobierno. Por eso recomiendo tasar cada 3-5 años o cuando realices mejoras.
- Brinda **información específica de tu propiedad**, como el croquis, área de vivienda, tamaño del terreno, zonificación, riesgo de inundación, número de catastro, situaciones adversas, estudio de título, condición, edad, coordenadas y otros. Todo en un mismo documento lo que podría resultar conveniente en el camino.
- Si eres comprador, la tasación puede ayudar a **proteger tu inversión** y evitar que pagues más del valor del mercado.

MENSAJE DEL AUTOR

El gerente general de un banco investiga la muerte repentina de tres de sus mejores clientes hipotecarios. "Todos murieron de un ataque de risa crónica", le indica Pancracio, el nuevo procesador que gestionó las hipotecas.

El gerente, un tanto desorientado, le pregunta a Pancracio: "¿qué fue lo que hizo con los clientes?".

"Nada, mi querido gerente, solamente les informé que logré conseguirles el pronto de la casa prestado, la aprobación de una primera hipoteca y de una segunda".

"¿Qué fue lo último que les dijo?".

"Lo último que les dije fue: ¡Lo felicito!, es usted el nuevo dueño de su propiedad".

Recuerdo que en mi niñez me daban la medicina amarga con algún jugo dulce para que me supiera mejor. En ocasiones, el proceso de vender una propiedad puede tornarse algo amargo.

Coordinar con compradores, mostrar la casa, recibir llamadas de extraños, sacar tiempo para explicar detalles, en fin, toda una serie de actividades que **enciende el estrés** a cualquiera. Como si fuera poco, las partes también tienen que lograr algún tipo de balance para que la transacción se pueda completar y **el riesgo de complicación** siempre estará ahí. Además, los **contratiempos y papeleos** del proceso de financiamiento se pueden tornar tediosos, desesperantes y confusos.

Fue así como decidí que la forma más efectiva de contrarrestar estas complicaciones era añadiendo el ingrediente de la **risa**.

Aclaro que el personaje de Pancracio surge de mi querido suegro (QEPD), que siempre lo utilizaba para sus chistes. De ahí la idea general del humor, porque la risa alegra el ama.

Aunque soy tasador de profesión y no comediante, me gustaría asumir que te reíste un poco de mis chistes.

Si tienes un **buen chiste** que se **relacione a cualquiera de los temas** que desarrollamos en el libro, por favor **compártelo**, y si es publicable, lo compartiré con los demás suscriptores.

Si este libro ha sido de algún beneficio para ti, me gustaría mucho leer tu testimonio. Puedes enviarme tus chistes o comentarios a mi dirección de correo:

tasadorpro@gmail.com

También puedes visitar mi sitio web: TasadorPro.com

Muchas bendiciones, espero que puedas vender rápido y sin contratiempos.

Recuerda tasar tu propiedad.

Un fuerte abrazo,

Tasador Enrique S. Meléndez Lugo

PUNTO EXTRA. ALGUNAS CITAS CÓMICAS

Tres tasadores discuten sobre cuál lleva más tiempo valorando propiedades. El primer tasador dice: "mi estimado colega, yo tasé los terrenos vacantes del aeropuerto *Luis Muñoz Marín*". El segundo tasador dice: "pues, mi querido colega, yo tasé los terrenos vacantes del aeropuerto de Isla Grande". El tercer tasador se levanta con mucha dificultad y casi sin poder hablar dice: "yo tasé El Morro cuando existía solo en planos". Lol.

***

Una hormiga corredora de bienes raíces con maletín en mano se para frente a un rótulo que dice «**Área de picnic**» y dice a sus hormiguitas compradoras recién casadas: "como pueden ver, es una excelente área para comenzar una familia".

***

Papá tasador, sentado junto a su hijo de cinco años, comienza a leerle el cuento de los tres cerditos: "el primer cerdito construyó su casa de paja, y como quiera, salió $ 25 000 por encima de lo presupuestado".

***

Una corredora se para frente a la casa mientras los vendedores, exageradamente motivados, miran y escuchan atentamente por una ventana. En eso, la corredora les dice a los únicos compradores que llegaron: "están dispuestos a incluir sus riñones con la casa".

***

"Hemos decidido esperar hasta que el mercado vuelva a la normalidad. Por favor, llámenos cuando el dueño baje de $ 499 000 a $ 49 900".

***

Batman entra a la oficina de una corredora y le dice: "estoy buscando una mansión vieja con una cueva secreta escondida".

***

Luego de sufrir huracanes, temblores y pandemias, el oficial del préstamo hipotecario se sienta en su escritorio, mira a su cliente y le dice: "estamos siendo más cautelosos. Para hipotecar requerimos el 200 % de pronto para cubrir cualquier crisis que pueda aparecer en las noticias mañana".

***

"Como una alternativa a la hipoteca tradicional de 30 años, también ofrecemos una hipoteca de intereses solamente, una hipoteca global, hipoteca revertida, hipoteca invertida, hipoteca introvertida, hipoteca al revés, hipoteca con vueltas y la hipoteca giratoria con doble eje y triple salto".

***

Un corredor muy creativo trata de vender una casa con pocas posibilidades y le dice a los compradores potenciales: "es una localización muy histórica. Esta propiedad está ubicada en el mismo planeta donde nació Elvis Presley".

***

Entra un pequeño marciano verde a la oficina de un corredor y dice: "me gustaría rentar una casa de veraneo para mi familia cerca del área 51".

***

El lobo malvado se para frente a la casa de paja del cerdito y antes de soplar lee en un periódico «se desploman los precios de las casas» y dice: "que sople otro".

***

"Mi amor, pregúntale al tasador si podemos incluir la caja de arena del gato como un tercer baño".

Made in the USA
Middletown, DE
31 August 2021